あなたを守る!
作業者のための安全衛生ガイド

酸素欠乏等危険作業

本書は酸素欠乏等危険作業に従事する方々が、日々安全に働くことができるよう作成したものです。作業を安全に行うための作業上の留意点を、ポイントを絞って、わかりやすくコンパクトにまとめました。現場で使えるチェックリスト（例）も添付しましたので、ぜひ活用してください。

中央労働災害防止協会

目次

※労働安全衛生法施行令の改正（平成 30 年 6 月 8 日公布、平成 31 年 2 月 1 日施行）により、「安全帯」が「墜落制止用器具」と呼びかえられます。

【酸素欠乏危険作業に必要な資格・教育】

通常、空気には約21%の酸素が含まれています。しかし、作業環境のさまざまな要因のため酸素濃度がこれよりも低くなっていることがあります。また、有害な硫化水素が発生して滞留していたり、燃焼器具の使用や清掃工場などで換気が不十分であれば、有害な一酸化炭素が充満してしまうこともあります。

酸素欠乏空気を吸入すると頭痛やめまい、筋力低下が起きたり、一息で意識を失い、死亡に至ることがあります。また、高濃度の硫化水素を吸入すると、呼吸中枢が麻痺して死亡する可能性があります。これらの危険を防ぐため、酸素欠乏等の危険がある場所で作業をするための資格・教育が法令※で定められています。

なお、一酸化炭素を吸入した場合も酸素欠乏空気を吸入したときと同様の危険があります。

※ 「酸素欠乏症等防止規則」（酸欠則）では、酸素欠乏症と硫化水素中毒を「酸素欠乏症等」としています。一酸化炭素中毒のおそれのある作業については、法令上は上記の技能講習・特別教育の対象ではありませんが、一酸化炭素中毒についても酸素欠乏症等と同様な対策が必要なことから、本書では一緒に取り上げています。

（注）本書では作業者向けに内容を分かりやすくするため、法令等の条文は掲載していません。必要な場合は、技能講習・特別教育のテキストを参照してください。

【酸素欠乏の危険性】

　酸素濃度の安全限界は 18%です。法令(酸欠則)では 18%未満の状態を「酸素欠乏」といい、作業環境中の酸素濃度を 18%以上に保つことが求められています。これを下回って、例えば酸素濃度 6%未満の空気を吸入すると、一息で意識を失い、すぐ救助しないと 6 分程度で死に至ります。

　酸欠の危険は、脳の機能停止という直接的なものだけではありません。酸素濃度が 14%未満に低下すると、筋力や注意力が低下し始めます。このため、例えばタンク内のはしごを降りている場合などは、墜落する危険が高まります。

　労働災害統計によると、酸素欠乏症の致死率は 50%近くで、ひとたび起きれば重大な災害となることがわかります。

　なお、疲労しているときや二日酔いのときなど、普段と体調が異なるときは、症状がひどくなることがあるので、注意が必要です。

21 ～ 18%
安全限界だが
連続換気が必要

16 ～ 12%
呼吸、脈拍の増加
頭痛、悪心、吐き気

14 ～ 9%
めまい、吐き気、筋力
低下、体重支持不能で
墜落（死につながる）

10 ～ 6%
失神昏睡
（7 ～ 8 分以内
に死亡）

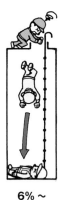

6% ～
瞬時に昏倒、
呼吸停止、けいれん、
6 分で死亡

ⓒⓞⓛⓤⓜ なぜ怖い？　低酸素空気

　物質は一般に、濃度の高い方から低い方に移動します。酸素も肺で酸素濃度の低い血液中に吸収され、血流に乗って体を循環し、体の組織で使われます。体中に酸素を運んで肺に戻った血液中の酸素濃度は、外界の空気より低くなっています。そのため、呼吸により新しく肺に入ってきた濃度の高い酸素は、濃度の低い血液中に移動します。

　ところが、6%未満のごく低酸素の空気が肺に入ってしまうと、肺の中は血液中よりも酸素濃度が低い状態になるため、酸素は血液中から肺の中に吸い出されてしまいます。そのため、呼吸するごとに体の中の酸素が減ってしまい、ほんの数回の呼吸が致命的な危険を引き起こしてしまうのです。

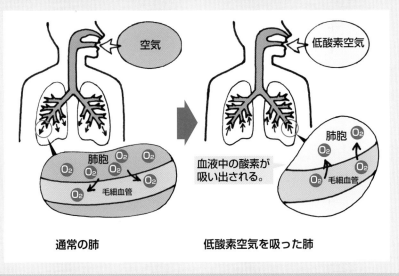

通常の肺　　　　　　　　低酸素空気を吸った肺

【硫化水素の危険性】

法令（酸欠則）では、作業環境中の硫化水素濃度を 10ppm 以下に保つことが求められています（1ppm ＝百万分の 1）。

硫化水素濃度が 10ppm を超えると眼の粘膜に、20 ～ 30ppm を超えると呼吸器（肺）に刺激を感じるようになります。350ppm を超える高濃度に 1 時間以上ばく露すると生命の危険が生じ、700ppm を超えると呼吸中枢が麻痺して短時間のばく露でも死に至る可能性があります。硫化水素中毒の致死率は約 40％と、酸欠と同様に高くなっています。

硫化水素の中毒作用

濃度〔ppm〕	部位別作用・反応	
10	【眼】	目の粘膜の刺激下限界
20 ～ 30	【呼吸器】	肺を刺激する最低限界
50 ～ 300	【眼】	結膜炎（ガス眼）、目のかゆみ、痛み、砂が目に入った感じ、まぶしい、充血と腫脹、角膜の混濁、角膜破壊と剥離、視野のゆがみとかすみ、光による痛みの増強
100 ～ 300	【呼吸器】	8～48 時間連続ばく露で気管支炎、肺炎、肺水腫による窒息死
170 ～ 300	【呼吸器】	気管粘膜の灼熱的な痛み、1 時間以内のばく露ならば、重篤症状に至らない限界
350 ～ 400	【呼吸器】	1 時間のばく露で生命の危険
600	【呼吸器】	30 分のばく露で生命の危険
700	【脳神経】	短時間過度の呼吸出現後直ちに呼吸麻痺
800 ～ 900	【脳神経】	意識喪失、呼吸停止、死亡
1000	【脳神経】	昏倒、呼吸停止、死亡
5000	【脳神経】	即死

コラム 「いつもと違う」 と気付いたら！

硫化水素は 0.3ppm 程度の低濃度で誰でも不快な臭気を感じますが、濃度が上がると次第ににおいに慣れて感じなくなり、危険に気付くことができなくなります。異常に気付いたらすぐに作業を中止して、作業主任者・上司に報告することが大切です。

【一酸化炭素の危険性】

　一酸化炭素は物質が不完全燃焼したときに発生します。

　酸素は血液中の赤血球の主成分であるヘモグロビンと結合して体の組織に運ばれますが、一酸化炭素はヘモグロビンと結合する力が酸素の150～250倍も強いため、血液が酸素を運ぶことを妨害し、窒息を引き起こします。

　室内で内燃機関を使用するときなどは、一酸化炭素が発生するおそれがあり、酸素欠乏空気と同様に十分な換気が必要です。

　なお、一酸化炭素以外にも、塩素、アンモニア、フッ化水素などは窒息を引き起こします。これらの刺激性の強いガスを吸入すると、刺激によって分泌された体液が肺にたまり（肺水腫）、肺の機能が損なわれます。

コラム　家庭などでも起こる一酸化炭素中毒

　一酸化炭素は、換気の悪い場所で内燃機関などを使ったり、大なべで調理して必要となる酸素の供給が追いつかない場合に、「不完全燃焼」が起きて発生します。自動車のエンジンの排気ガスなどにも一酸化炭素が含まれています。このように、一酸化炭素は燃焼に関係し、いろいろな場面で発生しますが、色もにおいもないため、気付きにくく、注意が必要です。

　一酸化炭素中毒は、家庭などで起きることも珍しくありません。例えば、冬場に閉め切った部屋でストーブを使っていて一酸化炭素中毒になったり、自動車が大雪の中でエンジンをかけたまま停車していてマフラー部分が雪で埋まり、排気ガスが逆流し自動車内に漏れ出て死亡するといった事故が毎年発生しています。また、街のパン屋さん、ピザ屋さんなどでも不完全燃焼による一酸化炭素中毒事故が発生しています。

　一酸化炭素中毒の防止のため、「①十分な空気（酸素）の供給により完全燃焼を促す」だけでなく、「②発生した一酸化炭素を排気する」必要があります。①②ともに、適切な換気が重要です。

2 酸素欠乏危険作業の管理

　酸素欠乏症等の防止のための作業の管理（下記の①〜④）を確実に実施するため、酸素欠乏症等のおそれがある作業（12頁の **4** 参照）を行うときは、所定の技能講習※の修了者のうちから酸素欠乏危険作業主任者を選任することが義務付けられています。

酸素欠乏危険作業主任者の職務は以下の通りです。
①作業者が酸素欠乏空気（および硫化水素）を吸入しないように作業方法を決定して指揮する。
②作業前等に酸素濃度（および硫化水素濃度）を測定する。
③測定器具・換気装置・空気呼吸器等の器具・設備を点検する。
④空気呼吸器等の使用状況を監視する。

作業手順

作業主任者

※酸素欠乏危険作業主任者に必要な講習
・酸素欠乏症のおそれがある場所での作業（＝第1種酸素欠乏危険作業）
　　→酸素欠乏危険作業主任者技能講習　または 酸素欠乏・硫化水素危険作業主任者技能講習
・酸素欠乏症または硫化水素中毒のおそれがある場所での作業（＝第2種酸素欠乏危険作業）
　　→酸素欠乏・硫化水素危険作業主任者技能講習

災害はこうして起きている！

①酸素欠乏症

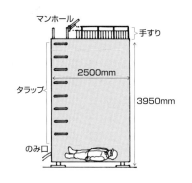

【事例1】

　清酒製造事業場内で、発酵したもろみを貯蔵するタンクの内部を洗浄する作業。もろみを排出したあと上部のマンホールからホースで内部を水洗いし、仕上げのために内部に入った作業者が酸素欠乏症で倒れた。

【事例2】

　食品卸売業の倉庫内で、ドライアイスを箱状の保管庫に収納する作業。保管庫内で、トラック荷台上の作業者からドライアイスを受け取り収納する作業の際、中腰になったところ、ドライアイスから発生した炭酸ガス（二酸化炭素）のため酸素欠乏となっていた空気を吸入して倒れた。

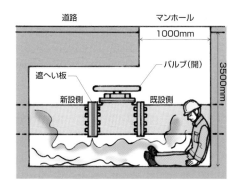

【事例3】

　ガス配管工事業で地下に埋設されたガス管を延伸する作業。ガスが通っている部分と新設部分の間の遮蔽板を取り除く際、バルブを閉めずにボルトを緩めたためガスが噴出してマンホール内に充満し、作業者が酸素欠乏症で死亡した。

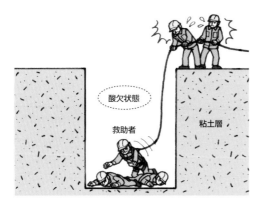

【事例4】
　下水道工事業で、立坑内の地質を調査する作業。地質調査のため立坑内に降りた作業者が酸欠で死亡した。立坑内の粘土中に大量に含まれる鉄化合物が酸素を吸収したため、立坑内の空気は酸素欠乏となっていた。

酸欠状態

救助者

粘土層

②硫化水素中毒

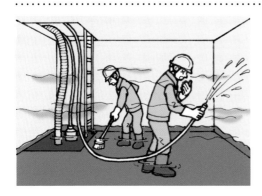

【事例5】
　建物地下の雑排水処理施設の汚泥貯留槽の清掃作業。汚泥・汚水を排出した後、作業者が槽内に入って壁面の汚泥をこすり落としていたところ、汚泥中の有機物が腐敗して発生していた硫化水素によって中毒を起こした。

③一酸化炭素中毒

【事例6】
　ビルのバルコニーでの塗装作業。内燃機関式コンプレッサーを使用して天井の吹付塗装作業をしていた作業者が一酸化炭素中毒で倒れた。外部に塗料が飛散しないよう、作業場所はビニルシートで覆われていた。

【事例１】

この現場では、作業前にタンク内の酸素濃度測定が行われていませんでした。また、作業前にタンク内の換気も行っていませんでした。そのため、タンク内が酸素欠乏であったのに、作業者が入り、酸素欠乏症になってしまいました。

【事例２】

この事例では、酸欠防止のための作業手順が作業者に周知されていませんでした。酸素濃度の測定や換気（送風）を手順に従って実施していれば防げた事故です。

【事例３】

この事例は、バルブ閉止の作業手順が守られておらず、換気や空気呼吸器の使用など、酸欠防止対策も取られていなかったために引き起こされた事故です。

【事例４】

この現場には酸素濃度測定器がなく、事前に測定が行われていなかったため、粘土中の鉄化合物による酸素消費で酸素欠乏となっていることが把握できませんでした。さらに、換気もされていなかったため、事故となりました。

【事例５】

この現場では、酸素欠乏・硫化水素中毒危険作業の講習等（特別教育、作業主任者技能講習）を誰も受けていませんでした。

【事例６】

この現場では、一酸化炭素中毒防止のために必要な対策である、換気や呼吸用保護具の使用はされていませんでした。

◎事例１～５のいずれも、作業主任者の指揮の下に、酸素濃度測定や換気、呼吸用保護具の着用など適切な対策を行っていれば、防ぐことができた事故といえます。事例６も同様に、監督者（作業責任者）の適切な作業管理により防ぐことができたはずです。

4 酸素欠乏症等はどこで起こる？

　法令（労働安全衛生法施行令）では、酸素欠乏危険場所※が以下の1～11のとおり示されています。

※3の3と9は、第2種酸素欠乏危険場所（酸素欠乏症・硫化水素中毒の危険）。それ以外は、第1種酸素欠乏危険場所（酸素欠乏症の危険）

　酸素欠乏等が発生する状況は、大別すると「空気中の酸素が消費されて発生する」場合と、「空気が無酸素気体等に置き換えられて発生」する場合、「酸素欠乏空気等が噴出、流入」する場合などがあります。

　作業場所に合わせ、安全な作業方法を決めることが大切です。

1　「上層に不透水層がある砂れき層」「第1鉄塩類等を含有している地層」などの地層に接し、または通ずる井戸等 1) の内部

1）井戸、井筒、立坑、ずい道、潜函、ピットその他

2　長期間使用されていない井戸等の内部

> 1、2解説 井戸等（特に長期間使用されていない井戸）は、地下水や土の中の鉄に酸素が吸収され酸欠状態になります。

3　ケーブル、ガス管等を収容するための暗きょ等 2) の内部

2）暗きょ、マンホール、ピット

3の2　雨水・河川の流水・湧水が滞留している（したことのある）槽、暗きょ等の内部

> 3、3の2解説 暗きょ等に長年の間に地表から雨水などが流入したり、滞留すると、水中の微生物による酸素消費などにより酸欠状態になります。

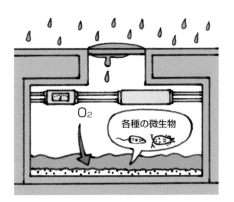

O₂　各種の微生物

3の3 海水が滞留している（したことのある）熱交換器等 [3] の内部

3) 熱交換器、管、暗きょ、マンホール、溝、ピット

3の3解説 海水が滞留した施設内では、貝等の死骸（硫黄分を含む）の腐敗で酸素が消費されたのち、細菌の働きで硫化水素が発生する危険があります。

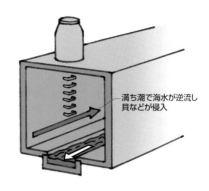

満ち潮で海水が逆流し貝などが侵入

4 相当期間密閉されていた鋼製のボイラー等 [4] の内部

4) 鋼製のボイラー、タンク、反応塔、船倉その他その内壁が酸化されやすい施設

4解説 鋼製のボイラー等の内部に水分があるまま長期間密閉しておくと、鉄の内壁が錆びる際に（酸化されて）酸素を消費し、酸欠状態になります。

5 石炭等空気中の酸素を吸収する物質 [5] を入れてあるタンク、船倉、ホッパーその他の貯蔵施設の内部

5) 石炭、亜炭、硫化鉱、鋼材、くず鉄、原木、チップ、乾性油、魚油等

6 内部や格納物が乾性油のペイントで塗装され、乾燥する前に密閉された地下室、倉庫、タンク、船倉その他通風が不十分な施設の内部

5、6解説 石炭、硫化鉱、鋼材等は酸素と結び付き、酸素を消費します。木材は呼吸・発酵作用のため、酸素を消費し炭酸ガスを発生します。乾性油・魚油も酸素と化合します。これらはいずれも酸欠状態を作り出します。

7 穀物・飼料の貯蔵、果菜の熟成、種子の発芽、きのこ類の栽培のために使用しているサイロ、むろ、倉庫、船倉またはピットの内部

7解説 穀物、野菜、果物は、貯蔵中に呼吸により酸素を消費して炭酸ガスを発生します。

CO₂

O₂

8 しょうゆ、酒類、もろみ、酵母等発酵する物を入れてある（入れたことのある）タンク、むろ、醸造槽の内部

> **8解説** しょうゆ、酒類などの発酵食品を生産するタンク等では、微生物の呼吸作用によって酸素が消費され、炭酸ガスが発生します。

9 し尿、腐泥、汚水、パルプ液その他腐敗・分解しやすい物質を入れてある（入れたことのある）タンク等 6) の内部

6) タンク、船倉、槽、管、暗きょ、マンホール、溝、ピット

> **9解説** 汚水槽などでも、3の3と同様、汚泥や廃水（硫黄分を含む）の腐敗・分解により酸素欠乏となり、硫化水素が発生します。

10 ドライアイスを使用して冷蔵、冷凍または水セメントのあく抜きを行っている冷蔵庫、冷凍庫、保冷貨車、保冷貨物自動車、船倉、冷凍コンテナーの内部

11 ヘリウム、アルゴン、窒素、フロン、炭酸ガスその他不活性の気体を入れてある（入れたことのある）ボイラー、タンク、反応塔、船倉その他の施設の内部

> **10、11解説** 産業現場には保冷用のドライアイスから発生する炭酸ガスや爆発火災防止のために使用される窒素などにより、空気が無酸素気体に置き換えられた環境が多くあります。これらの現場では、酸素濃度の測定や呼吸用保護具の着用などの対策が不可欠ですが、それを怠ったことによる災害が多く発生しています。

5 酸素欠乏症等の防止対策

　酸素欠乏症等の防止のためには、作業者は管理監督者（作業主任者等）の指示に従い、決められた手順を守って作業するとともに、以下の対策を確実に実施することが大切です。作業主任者の職務については、②（8頁）を参照してください。

① 酸素濃度・硫化水素濃度の測定　　② 換気の実施
③ 空気呼吸器等の使用　　　　　　　④ 墜落制止用器具（安全帯）等の使用
⑤ 避難用具・救助用具等の備付け　　⑥ 立入禁止措置と表示
⑦ 緊急連絡先等の掲示　　　　　　　⑧ 周囲への連絡
⑨ 監視人の配置

対策① 酸素濃度・硫化水素濃度の測定

　④で述べた酸素欠乏危険場所で作業を開始する前には、酸素濃度（および硫化水素濃度）の測定が必要です。作業主任者が酸素濃度等の測定を行います。

　作業者自身の呼吸によっても作業場所の酸素は消費されるため、作業中にも酸素濃度は低下します。また、井戸の中などでは周囲の地層からメタンガスや炭酸ガスなどが湧出していたり、汚泥の掻き落とし作業などでは汚泥中に閉じ込められていた硫化水素が作業環境に拡散することもあります。

　このため、酸素濃度・硫化水素濃度は、作業前の測定に加え、作業中もリアルタイムで監視するとより安全です。さらに、作業者自身が身に着けてリアルタイム測定ができ、警報機能も付いた個人装着形測定器があります。これらの対策を併用するとよいでしょう。

【使用する機器】

　酸素濃度や硫化水素濃度の測定には、従来は検知管[※]が使用されてきましたが、現在では電池式の測定器が多く使用されています。また、1台で酸素濃度や硫化水素濃度、一酸化炭素濃度を測定できる複合式測定器も普及しています。

　測定器は機種により操作方法に違いがあります。取扱説明書などを確認して操作方法に習熟しておくとともに、始業前には所定の手順で動作の点検を行うほか、以下を目安に、定期的に点検・校正を行います。

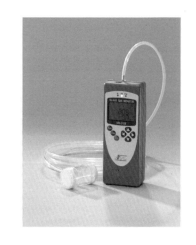

　1カ月に1回程度：電源・動作・センサーの点検
　6カ月に1回程度：校正ガスによる感度校正
　1年に1回程度　：メーカーによる定期点検

　※なお、検知管については使用期限があるため、期限前であることを確認してから使用する必要
　　があります。

⒞⒪⒭⒰⒨ 酸欠危険場所以外での対策は？

　法定の酸素欠乏危険場所（④（12頁）参照）以外では、作業主任者選任や特別教育受講は規定されていませんが、必要に応じ酸素欠乏症防止対策など安全衛生上の措置をとらなければならないことは言うまでもありません。

　例えば、酸素欠乏症の疑いのある症状の労働者を救出する際や、炭酸ガス消火設備に関する安全措置は、酸欠危険場所に限らず必要です。労働安全衛生規則第585条では、酸素濃度18％未満、硫化水素濃度10ppm超などの場所への立入禁止措置が規定されているため、酸欠危険場所に限らず状況に応じて測定を実施する必要があります。また、酸欠則第25条の2では、汚水等のポンプ・配管などを改造・清掃する作業における作業指揮者の選任が規定されています。酸欠危険場所に限らず、作業主任者の選任や特別教育の受講など酸欠危険箇所と同様の対策を進めるとより安全です。

【測定者の安全】

酸素濃度・硫化水素濃度の測定にあたっては、次の事項に留意して測定者自身の身の安全を守ることも大切です。

① 原則として、その場所の外部から測定することとし、「体の乗り入れ」「立ち入り」をしないこと。タンク等の開口部から内部をのぞき込んだ測定者が、無酸素空気を吸って内部に転落する事故が起きています。

② 必ず監視人をつけること。万一測定者が被災した場合に救助要請します。（作業時の監視人は、対策⑨（27頁）を参照）

③ 外部から測定することが困難な場合は空気呼吸器等を使用し、また転落のおそれがあるときは墜落制止用器具（安全帯）等を使用した上で当該場所に立ち入ること。この場合、②の監視人についても墜落制止用器具等を使用すること。必要な保護具を使用し、事故に備えます。

（昭和57年基発第407号通達より）

【測定箇所】

作業環境測定では、測定位置によって結果に差ができるため、できるだけ多くの位置で測ることが望ましいといえます。原則として測定点は5点以上とし、垂直方向・水平方向にそれぞれ3点以上測定します。

浄化槽のように開口部内が広がっている作業場所の場合は、開口部から検知部などを下ろして直下の3点を測定した後、空気呼吸器などの呼吸用保護具を使用し、直下以外の場所を測定します。

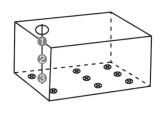

〔浄化槽、貯水槽、船倉、熟成室の例〕
まずマンホールの直下❶～❸を測定し、
⊗は空気呼吸器等を装着して測定

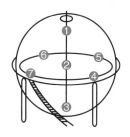

〔球型ガスタンクの例〕
頂上のマンホール直下3点❶～❸と、
赤道上のサンプリング孔❹～❼を測定

【測定結果の判定】

　危険状態と判定された場合、換気（次頁、対策②参照）など必要な措置をとります。測定結果や措置の記録は、３年間保存します。なお、酸素欠乏危険場所の測定結果はその場所・時間における測定値そのものを用います（平均値を測定結果としてはいけません）。

●酸素欠乏の判定

　①すべての測定点で　18％以上　→酸素欠乏の状態ではない
　②ほとんどの測定点で18％未満　→全体的に酸素欠乏
　③いずれかの測定点で18％未満　→局部的に酸素欠乏

> **重要** １つの測定点でも18％未満であれば酸素欠乏と判定する（平均濃度で判定をしてはいけない）
> ※③の場合は18％未満を示した測定点付近に酸素欠乏空気が湧出している可能性があります。
> ※測定時は、数値が十分な時間安定していることを確認します。

●硫化水素中毒危険の判定

　①すべての測定点で　　10ppm以下　　→危険な状態ではない
　②ほとんどの測定点で10ppmを超える　→全体的に危険
　③いずれかの測定点で10ppmを超える　→局部的に危険

> **重要** １つの測定点でも10ppmを超えていれば危険と判定する（平均濃度で判定をしてはいけない）
> ※③の場合は10ppmを超えている測定点付近に硫化水素が湧出している可能性があります。
> ※測定時は、数値が十分な時間安定していることを確認します。

●換気の基本

　酸素欠乏危険場所で作業を行う場合は、作業前に換気を行い、酸素濃度18%以上、硫化水素濃度10ppm以下に保たなければなりません。

　また、酸素欠乏空気や硫化水素、メタンガスなどが湧出している場合は1回の換気では安全な状態を保てないため、継続換気を行います。

　換気方法は送風機と風管を用いる機械換気法が一般的です。

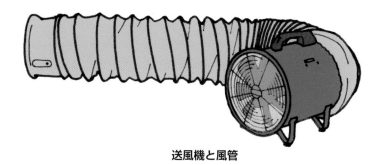

送風機と風管

　機械換気法には、以下のように「送気式」「排気式」「送排気式」があります（図中の点々は酸欠空気等を表す）。

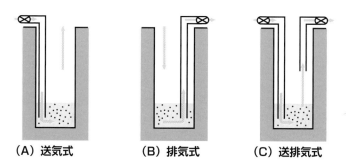

（A）送気式　　　　（B）排気式　　　　（C）送排気式

　送気を行う際は、以下の点に留意が必要です。

・送風機の能力に応じて十分に時間をかけて換気する
・コーナーやくぼみなどにも換気が及ぶようにする
・新鮮な空気の吹出し口はできるだけ作業場所に近づける
・内燃機関式の発電機は、送風機付近に設置しない
・継続換気が必要な作業では、内部に作業者が一人でもいる限り、換気を中断しない

●作業別の具体的な換気方法等の例

　換気は、機械換気法が一般的です。また、酸素濃度・硫化水素濃度の測定前の十分な換気については、「その場所の気積の5倍以上の新鮮な空気を送気」、作業中の換気については、「作業している間20回／時以上の割合で内部を均一に換気できるよう送気を継続」する方法が一般的な対応例とされています。

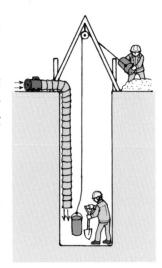

①井戸・基礎坑など（非圧気工法）

- ・機械換気法によること
- ・以下の送気開始から15分後に測定
- ・酸素濃度18%以上を確認
- ・作業中は継続換気を実施　送風量：1人当たり10m^3／分（4人以下でも50m^3／分）以上

②潜函・圧気シールド（圧気工法）

- ・機械換気法によること
- ・気閘室・作業場所に気積の5倍以上の新鮮な空気を送気し、酸素濃度18%以上を確認
- ・作業中は継続換気を実施

③暗きょ・ピット等

- ・機械換気法の場合、以下の送気開始から15分後に測定
- ・酸素濃度18%以上・硫化水素濃度10ppm以下を確認
- ・作業中は継続換気を実施
    - ●暗きょ ……………………………………… 0.8m／秒以上の送風（下図参照）
    - ●ピット ……………………………………… 容積の20回／時 以上の換気
    - ●し尿処理施設・ごみ処理施設等のタンク等 …… 同上。ただし、爆発・火災等防止のため換気が著しく困難な場合は、空気呼吸器等を使用

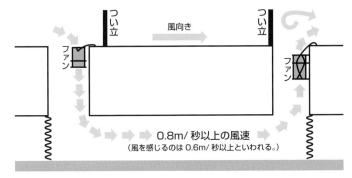

暗きょの送気の例

　酸素欠乏危険場所では、換気を行っても酸素濃度18%、硫化水素濃度10ppm以下に保つことができなかったり、換気を行うことができなかったりする場合があります。

●換気ができない作業場所の例

・引火性液体のタンク内など、爆発・火災防止のために不活性ガス（窒素など）を充てんしてある場所
・生鮮食料品の冷蔵庫など、鮮度保持のために不活性ガスを充てんしてある場所
・浄化槽などで換気により悪臭が拡散される場所

●換気が不十分となる作業場所等の例

・井戸・地下坑・ずい道などで酸素欠乏空気の湧出量が多い場所
・長距離のずい道・導水管など奥まで送気が行えない場所
・構造上十分な換気が行えないタンクや船倉
・被災者の救助など十分な換気を行う時間的余裕がない場合
・作業開始前の酸素濃度・硫化水素濃度測定で立ち入る場合

　このように、換気ができない場所、換気しても安全な酸素濃度・硫化水素濃度を保てない場所、被災者の救助など換気する時間がない場面では、空気呼吸器、酸素呼吸器、送気マスクなどの呼吸用保護具の使用が不可欠です。呼吸用保護具は救助にも必要となるものですから、通常の作業時に使わない場合でも、いざというときに迅速に着用し、正しく使用できるよう、普段から訓練しておく必要があります。

●呼吸用保護具の分類

呼吸用保護具には大きく分けて「給気式」「ろ過式（防毒マスク・防じんマスク）」の2種類があります。このうち、酸素欠乏危険作業に使用できるのは「給気式」の呼吸用保護具のみです。防毒マスク、防じんマスクは酸素欠乏危険作業に使用できません。

「給気式」の呼吸用保護具には、大きく分けて送気マスク（ホースマスク、エアラインマスク）と、自給式呼吸器（空気呼吸器などボンベを背負うもの）があります。

コラム 防毒マスク、防じんマスクは使用できない！

防毒マスク、防じんマスクは「ろ過式呼吸用保護具」といい、フィルターや吸着・吸収用の物質を通過させることで、環境中の空気から有害な粉じんや化学物質を取り除くものです。例えば、グラインダの使用時には金属粉じん除去のために防じんマスクを、有機溶剤作業時には有機ガス除去のために有機ガス用吸収缶をセットした防毒マスクを使用します。このように、「存在する」有害物に対しては、ろ過式呼吸用保護具が有効ですが、酸素欠乏空気は、ろ過しても「酸素が少ない（存在しない）」ままです。

また、硫化水素中毒危険作業でも防毒マスクは使えません。暗きょや汚水タンクなどにおいては硫化水素は酸欠環境で発生するため、一般に酸欠空気を含んでいます。防毒マスクで硫化水素をろ過できても、酸欠空気を吸入し、酸素欠乏症となります。

●呼吸用保護具の選択

　給気式呼吸用保護具のうち、送気マスクは軽くて長時間の作業に対応できるという利点がありますが、行動に制限があります。自給式呼吸器（空気呼吸器や酸素呼吸器）はボンベを背負う必要があるなど装備は重くなりますが、行動に制約を受けないという利点があります。

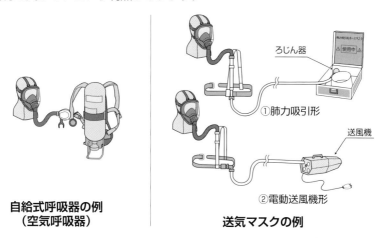

自給式呼吸器の例
（空気呼吸器）

送気マスクの例

①肺力吸引形
②電動送風機形
ろじん器
送風機

　いずれも、取扱説明書に従って正しく着用し、始業前や定期的に点検を行って性能を維持することが大切です。

　JIS 規格では、作業場所の酸素濃度ごとの適切な呼吸用保護具の選択について定めています。防護係数は、外部の有害物が面体の内部に漏れ込まない程度を表す数値です（JIS T 8150 参照）。

酸素濃度 保護具の種類	14% 未満 または不明	14% 以上かつ 18% 未満	18% 以上
ろ過式 呼吸用保護具	×	×	○ 対象とする有害物質を除去することができるもの
給気式 呼吸用保護具	○ 全面形面体・防護係数30 以上・面体の脱落のおそれのないもの	○ 防護係数 10 以上	○
送気マスク	○ 全面形面体をもつ複合式エアラインマスク 全面形面体をもつ緊急時給気切替警報装置付きエアラインマスク		

対策④　墜落制止用器具（安全帯）等の使用

　酸素欠乏危険場所で作業するときに酸素欠乏空気等による筋力の低下、めまいにより墜落・転落の危険があるときは、墜落制止用器具（安全帯）などの命綱を使用しなければなりません。作業時は、作業場所の状況に応じ、フックを手すりや親綱等の取付設備に掛けて使用します。

　フルハーネス型墜落制止用器具（平成31年2月1日より原則フルハーネス型を使用。とくに6.75mを超える高さの箇所では必須）は、従来の胴ベルト型と比べ、万一の落下時に体に与える衝撃が少なくなります。また、宙づりになったときに直立に近い姿勢となるため、タンクの開口部など狭い入口から落下した場合にも救助しやすくなります。

フックは腰より高い
位置に掛ける
できれば腰より1m高い位置に。
落下の衝撃を少なくするため。

保護帽を着用
内側の形式検定合格標章に「墜落時保護用」と記載してあるか確認する。

アゴひもは緩めず
しっかり締める
保護帽は頭に密着していないと衝撃吸収力が弱まる。

ベルト等は緩めず、
しっかり着用する
ねじれや緩みがあると落下の衝撃でケガをすることも。

靴ひもはしっかり結ぶ
底がすり減ったら交換
紐の緩みは転倒の元。
「滑った・転んだ」も墜落・転落の原因に！

フルハーネス型墜落
制止用器具（安全帯）

胴ベルト型墜落
制止用器具（安全帯）

**保護帽とフルハーネス型
墜落制止用器具（安全帯）**

●使用上の留意点

・取扱説明書にしたがい、ベルトをたるませずに着用する。

・作業中にフックの掛け外しをする必要があるときは2丁掛けをする。

・次ページの基準に従い、使用前に点検をする。

墜落制止用器具（安全帯）等の交換基準の例

●ベルト

（1）ベルトに 2mm 以上の損傷・擦り切れがあるもの

（2）薬品が付着し、変色・溶解箇所があるもの

（3）塗料が著しく付着して、硬化しているもの

（4）全体に摩耗・毛羽立ち・著しい汚れがあるもの

（5）縫い糸が１箇所以上切断しているもの

●Ｄ環、バックル等

（1）環に深さ 1mm 以上の傷や摩滅があるもの

（2）環類の全体に著しい錆・腐蝕が発生しているもの

（3）ばねの損傷や異物の混入などでワンタッチバックルのロック解除レバーが元に戻らなかったり、動きがスムーズでないもの

（4）Ｄ環止めが破損または紛失し、Ｄ環が固定できないもの

●ロープ（３つ打ちロープの例）

（1）ストランドが切断しているもの

（2）キンクしているもの

対策⑤ 避難用具・救助用具等の備付け

　事故が発生した場合に備え、救助用の空気呼吸器、はしご、繊維ロープ、墜落制止用器具、滑車など作業場所にあった避難・救助用の用具を備えておきます。AED（自動体外式除細動器）についても、作業場所付近にある設置場所を具体的に（どの建物の何階のどこにあるか等）確認しておきましょう。

　また、いざというときに安全かつ迅速に行動できるよう、避難や救助、通報、救急処置等について訓練をしておきましょう。

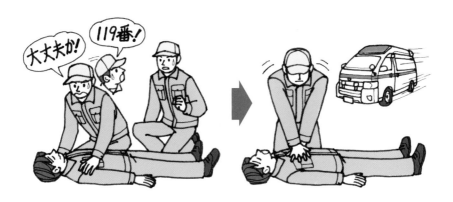

対策⑥ 立入禁止措置と表示

　酸素欠乏危険場所で作業を行うときは、作業者の出入りを確認するほか、関係者以外の立入りを禁止し、かつその旨を次の事項と併せ、見やすい場所に掲示しなければなりません。

- ・酸素欠乏症（および硫化水素中毒）の危険があること
- ・立ち入る場合にとるべき措置（空気呼吸器等の使用など）
- ・事故発生時の措置（連絡先・救助方法など）
- ・空気呼吸器等、墜落制止用器具、酸素濃度計、硫化水素濃度計、送気設備等の保管場所
- ・酸素欠乏危険作業主任者の氏名

酸 欠 危 険

関係者以外
立入禁止

1. 立ち入る場合にとるべき処置

2. 事故発生時等の措置

3. 保護具等の保管場所

4. 酸素欠乏危険作業主任者氏名

対策⑦　緊急連絡先等の掲示

　事故発生時の緊急連絡のため、作業場所の見やすい場所に、近隣の病院、消防署、所轄労働基準監督署などの連絡先を掲示しましょう。

対策⑧　周囲への連絡

　圧気工法などで、近接した作業場に酸素欠乏空気や硫化水素が湧出するおそれがあるときは、その作業場に作業時期・作業内容などをあらかじめ連絡しておく必要があります。

対策⑨　監視人の配置

　万一の事故を早期に発見し、迅速な救助につなげるために監視人の配置が必要です。監視人は酸素欠乏危険場所の外側に配置し、外部から監視できない作業場所では、監視人のほかに作業者の中で通報者を定め、電話等の通報設備を設置すると非常時に確実に連絡できます。

　監視人が救助に関わる際には代わりの監視人を置くことが必要ですが、あらかじめ複数の監視人を置くことも有効です。

チェックリスト①　基本事項

チェック項目	良	否
①　作業を行うタンク、マンホール、ピット、槽などの内部が　酸素欠乏危険場所（12～14頁）に該当するか確認したか		
②　酸素欠乏危険場所で作業を行う場合、酸素欠乏危険作業主任者が選任され、器具・用具の点検や作業指揮等の所定の職務を行っているか		
③　酸素欠乏危険場所で作業を行う場合、作業者全員が特別教育を受講しているか		
④　作業手順や役割分担、合図の方法を確認したか		
⑤　空気呼吸器・酸素呼吸器か送気マスクを全員分用意したか。誤って防じんマスク・防毒マスクなどが用意されていないか		
⑥　保護帽を用意しているか。墜落制止用器具（安全帯）は傷んだりしていないか		
⑦　作業場所は適正な照度が確保されているか		
⑧　健康状態はよいか。だるさ、腰痛、手足の痺れなどはないか		
⑨　作業前および作業後に人員の点呼が実施されているか		
⑩　緊急時の避難方法や対応方法を確認したか		
⑪　緊急連絡網を確認したか		

チェックリスト②　立入禁止、測定、換気等

チェック項目	良	否
①　関係者以外が酸素欠乏危険場所に誤って立ち入ることのないように、作業場所の入口など見やすい場所に立入禁止の表示をしたか		
②　酸素濃度（および硫化水素濃度）の測定が行われているか		
③　酸素濃度計、硫化水素濃度計は、適切な校正をうけているか		
④　測定の際、監視人の配置や必要な保護具の使用など測定者の安全確保措置がとられているか		
⑤　作業場所の酸素濃度が 18％以上、硫化水素濃度が 10ppm 以下になるよう換気などの措置がとられているか		
⑥　換気できないときや換気しても酸素濃度が 18％以上、硫化水素濃度が 10ppm 以下にできないときは、空気呼吸器等の給気式呼吸用保護具を使用しているか		
⑦　長袖・長ズボンの作業着を着用しているか		
⑧　作業に応じ、保護帽や手袋、ゴーグル、安全靴など、適切なものを着用しているか		
⑨　タンクなどの内部に入る際、墜落・転落のおそれのある場合に墜落制止用器具（安全帯）等を使用しているか		
⑩　作業者がタンクなどの内部に入って作業する場合、外部に監視人を配置する等の措置がとられているか		

チェックリスト③　避難、救助、二次災害防止等

チェック項目	良	否
①　空気呼吸器、救助用ロープなどの救助用具をすぐ使える場所に備えているか		
②　空気呼吸器や救助用ロープの使用方法を確認したか。いざというとき、迅速に使えるように使い方を教わっているか		
③　空気呼吸器などを使用せずに事故が起きた場所にとっさに入ると二次災害となることを理解しているか		
④　救急処置や通報の手順を知っているか。いざというとき、迅速に実施できるか		
⑤　奥深い坑内作業などでは、外部への通報手段が確保されているか		
⑥　救助活動の際は複数人で行動し、救助者と同じ装備をした監視者を配置することとしているか。保護具の数や人員の配置は、そのような体制になっているか		

チェックリスト④　その他

チェック項目	良	否
①　メタンガス等の可燃性ガスが湧出する場所で火花の出る電動工具や照明器具など点火源となるものを使用していないか		
②　メタンガス等の可燃性ガスや高濃度の硫化水素が存在して爆発・火災のおそれがある場所を換気する場合、送風機などの換気装置は防爆型のものを使用しているか		
③　その他爆発などのおそれはないか		
④　換気不十分な場所で内燃機関式の発電機やコンプレッサーなどを運転していないか		
⑤　送気マスクのエア取り入れ口の近くで内燃機関式の発電機などを使っていないか		
⑥　タンク等の内部を換気するための送風機の近くで内燃機関式の発電機などを使っていないか		
⑦　その他一酸化炭素中毒などのおそれはないか		

あなたを守る！
作業者のための安全衛生ガイド

酸素欠乏等危険作業

平成 30 年 7 月 31 日　第 1 版第 1 刷発行

編　者	中央労働災害防止協会
発行者	三田村 憲明
発行所	中央労働災害防止協会
	〒 108-0023
	東京都港区芝浦 3 -17-12
	吾妻ビル 9 階
電　話	販売 03 (3452) 6401
	編集 03 (3452) 6209

デザイン・イラスト　㈱ジェイアイ
印刷・製本　　　　　㈱日本制作センター

落丁・乱丁本はお取り替えいたします。　　©JISHA 2018
ISBN 978-4-8059-1821-0　C3060
中災防ホームページ　http://www.jisha.or.jp/